FACULTÉ DE DROIT DE BORDEAUX

THÈSE

POUR

LA LICENCE

En exécution de l'Art. 4 Tit 2 de la loi du 22 ventôse an XII.

SOUTENUE

PAR

Auguste SOURBIEU

DE CARCASSONNE (Aude).

BORDEAUX

IMPRIMERIE DE LA GUIENNE

20, — rue Gouvion, — 20

1872

F

FACULTÉ DE DROIT DE BORDEAUX

THÈSE

POUR

LA LICENCE

En exécution de l'Art. 4 Tit 2 de la loi du 22 ventôse an XII

SOUTENUE

PAR

Auguste SOURBIEU

DE CARCASSONNE (Aude).

BORDEAUX

IMPRIMERIE DE LA GUIENNE

20, — rue Gouvion, — 20

1872

MM. COURAUD (✻), (off. de l'Inst. publ.).

BAUDRY-LACANTINERIE.

RIBÉREAU.

SAIGNAT.

BARCKHAUSEN.

DELOYNES.

LANUSSE, *agrégé chargé de cours.*

VIGNEAUX, *agrégé chargé de cours.*

Secrétaire agent comptable :

M. RAVIER, *officier d'académie.*

Bibliothécaire :

M. CUQ, *licencié en droit.*

A MON PÈRE.

A MA MÈRE.

A MES AMIS.

« Jurisprudentia est divinarum atque
» humanarum rerum notitia, justi atque
» injusti sciencia. »

(Inst. Justi. l. Ier. t. 1, § 1.)

JUS ROMANUM

DE NATURALI OBLIGATIONE

(Dig. Lib XLVI, § 3 de Solutionibus, Leges variæ. — Lib. XLVI, § 1 de fidejussoribus et mandatoribus; leges variæ. — Lib. XLVI § 2 de novatione.)

DE OBLIGATIONE NATURALI, EJUSQUE EFFECTIBUS

Operæ pretium et rei nostræ lucrum fore existimamus si thema illud nobis propositum membratim dividamus, ac in triplicem partem distributum distinctè tractandum aggrediamur.

Tres ergo, eum in finem, nobis erunt paragraphi, quorum *primus* naturam obligationis naturalis indagabit, ejusque definitionem sedulo exaratam tradet, *secundus* varias naturalis obligationis species e fontibus Romanis extrahere atque evolvere conabitur, *tertius* demum ejusdem effectus præcipuos enumerabit et in critim eos, pro viribus, adducet.

Sit igitur :

§ I. — *Natura et definitio obligationis naturalis.*

Obligatio naturalis, si vel solum vocis significatum attendàs, ea est obligatio quæ fondamentum ortumque suum non a lege quidem positivà an civili habet sed ab ipsâ lege naturali, vel, ut aiunt, ab actuum naturà proximè derivatur.

Per se autem patet posse hujusmodi obligationem vel strictam intelligi quæ, scilicet, vim induat justiciæ comimutativæ, vel laxam quâ, nempè aliquis non teneatur nisi ratione alicujus honestatis aut pietatis.

Prior quidem, sola est quæ propriæ dictæ obligationis nomen sibi vindicat, et, de eâ solâ nobis agere in animo est. Posterior enim, seu eâ quæ nonnisi sensu latiori obligatio dici valet, locum in jure Romano per se non obtinet, neque in alio aliquo jure obtinere meretur. In libris Digestorum eam simplicis liberalitatis nomine signatam reperies (*D. Lib. XII. 3*). Diximus tamen, id genus obligationis per se vim justiciæ non habere in codicibus Romanis, potest enim ratione adjunctorum vim hanc obligandi quandoque recipere, ut videre est in

exemplo quod ad calcem primi effectus (§. III) trans-
cripsimus.

Sed, ad veram illam redeamus obligationem quam
intendimus, quamque bifariam iterum considerare
nobis licebit. Vel enim, sola est quæ urget in aliquo
contractu, vel sibi sociatam habet legem civilem.
Si solum ipsa sit vinculum quo ligantur contrahentes, tunc proprium ac genuinum nomen suum sor-
titur, et obligatio nudè naturalis dicitur. Si autem,
huic obligationi superaddatur vinculum legis civilis, duplici tunc obligatione contrahentes verè in-
nodantur. At vero cum apud jurisperitos potiores
partes sibi assumat lex positiva, obligatio indè ex-
surgens civilis vocatur. Sed, recedente civilis legis
vinculo, vinculum naturale remanet, virtutem suam
retinens, et, obligatio in meram naturalem iterum
exit, vi propriâ sibi subjectos contrahentes perpe-
tuo urgentem.

Hæc ita adumbrata obligatio, etsi esse suum effica-
citatemque suam independenter a lege civili obtinet,
ab eâ tamen in multis et sœpius regi solet. Quo-
modo autem regatur et quæ sit ejus virtus juxta
mentem Romani legislatoris, eâ scopum nobis operi
datum et a nobis hisce paginis intentum.

His, igitur, nonnullis prælibatis, definitio obligationis naturalis sponte obvia fit, ultroque concinna
efflorescit : ea, nimirum, est obligatio quæ, præciso
omni jure positivo, ex naturâ actùs oritur, et, a
jure positivo superveniente, non irritatur. Hæc au-

tem definitio quæ ab antiquis jurisperitis sic elabo-
rata passim accipitur, tot claritatis totque concinni-
tatis præ se fert, ut, ulteriùs explanari non indigeat.

Nunc ergo, ejus species inquiramus et ad para-
graphum secundum gressum vertere liceat.

§ II. — *Species obligationis naturalis.*

Ut varias obligationis naturalis species ex Romani
juris fontibus hauriamus, easque in lucem per ordi-
nem producamus animadvertere juvat eas, omnes
in dulplex veluti genus distributas nobis occurrere.

Primum quidem genus est earum quæ enascun-
tur ex quibusdam pactionibus quas *pacta nuda*
vocant; secundum vero genus earum est quœ integritati debitoris relinquuntur.

I. — 1º Quidem, pacta nuda ortum exeunt prioris
speciei naturalium obligationum. Quid vero veniat
per *pactum nudum*, paucis ante omnia aperiendum
est.

Mutua inter homines relatio primariorum unum
est humanæ societatis fundamentorum. Ea autem
relatio exerceri solet per conventum in idem quid
duarum vel plurium voluntatum, unde pacta et con-
ventiones oriuntur. « Et est pactio duorum plu-
» riumve in idem placitum consensus » ait Ulpianus
in L. 2. § 2 de pactis.

Jus autem civile, cum per verba ad id deputata contractusve litteris præfinitos, tum etiam ope nonnullorum ex gentium jure contractuum qui solo consensu iniuntur, longam aliquam creat pactorum seriem quœ civilem obligationem gignunt et actionem inducunt.

Idem operantur *pacta adjuncta,* quorum effectus, plurimo in casu, effectibus civilis contractus à Romanis Jurisconsultis œquiparantur.

Eamdem quoque vim obtinent *pacta legitima.* « Legitima consentio est, inquit Paulus, quæ lege » aliquà confirmatur. » (L. 6. Dig. de Pactis). Pacti legitimi exemplum est in pacto donationis, nec non in pactione dotis. Si autem speciali actione pacta ea non muniantur condictionem ex lege concedunt.

Pacta prœtoriana actionem pariter habent sed tantum prætorianam. Eorum præcipua sunt :

Pacta fenerationis in favorem municipii;

Pacta mutuæ pecuniæ in re maritimà;

Conventio hypothecæ;

Pactum denique constituti, de quo inferius verbum habebitur.

Cœtera autem omnia pacta, quæ nec sunt *contractus nominati,* nec *pacta adjuncta,* aut *legitima,* aut *prœtoriana,* ea sunt quæ dicuntur *pacta nuda,* producuntque obligationem merè naturalem. Et id quidem, ut valeant efficere necesse habent ut inter capaces iniantur, nec de re agant extra negociatio-

nem , nec quidquam de jure publico derogent.
(Papin. L. 38 de Pactis.)

2º Obligatio naturalis admittitur in contractibus
servum inter et dominum ejus, œque ac inter servum et alium tertium;

3º Oritur iterum ex contractu inter patrem et
filiumfamilias hujusque cum extraneis, nisi tamen
lex obstet, ut infra adnotandum venit de senatus
consulto Macedoniano. Senatusconsultus Macedo-
nianus actionem intendere prohibet quemcumque
summam pecuniæ filiofamilias accomodaverit;

4º Idem fit quando pupillus contrahit cum tutore,
vel si idem ille cum aliis contrahat absque tutoris
auctoritate;

II. — Nunc transeamus ad obligationes naturales
quæ relinquuntur religioni debitoris;

1º Juvenes puberes, sed quinque et viginti annorum minores, curatorem accipiunt, si postulant, et
quandoque etiamsi denegênt, ut in subsequentibus
evenit;

Ad rationem tutelæ recipiendam,
Ad accipiendam aliquam pecuniæ solutionem,
Ad litem movendam aut arcendam.

Minoribus viginti et quinque annorum, si per se
soli agere possunt restitutio in integrum offertur a
prætore. Hæc vero in integrum restitutio per tacitam
aut expressam actûs confirmationem extingui potest. « Si quis major factus, inquit Ulpianus L. 3,
» comprobaverit quod minor gesserat, restitutionem

» cessare. » Ibi obligationem naturalem detegimus, auctoritas enim socialis valorem ejus concredit debitoris integritati.

Si de prodigo et stulto agatur, pauci suppetunt in lege textus, et hi quidem inter se pugnare videntur. Gaius enim in lege 70 § 4 de fidejussoribus, et Ulpianus in libro 6, de verborum obligationibus docent obligationem stulti ac prodigi nullam esse et fidejussori imparem; idem Ulpianus è contra in lege 25 de fidejussoribus obligationem stultorum et prodigorum firmatam supponit fidejussione eamque pupillorum obligationi exœquat.

Ad componenda hœc disjuncta legis verba, nonnulli opinati sunt legem 25 de fidejussoribus circumstantiam intendere in quà prodigus aut stultus re obligaretur propter eventum aliquod voluntati debitoris alienum.

Alii autem doctores ut eamdem difficultatem solvant distinctionem admovent; vel enim, aiunt, fidejussor statum ejus quo cum vel pro quo contraxit noverat, vel ignorabat : si prius fidejussio valet; si posterius, nulla est.

In hoc utroque systemate, nemo non potest obligationem naturalem detegere in stultorum et prodigorum obligationibus; ad firmandum etenim nihilum cautiones admitti non solent.

2º Debitor certæ pecuniæ si a judice absolvatur obligatione naturali remanet innodatus, in naturalem transeunte civili obligatione. Sic enim apud

Paulum legimus : « Julianus verum debitorem post
» litem contestatam, manente adhuc judicio, nega-
» bat solventem repetere posse : quo nec absolutus
» nec condemnatus repetere posset; licet enim ab-
» solutus sit, naturà tamen debitor permanet. »
(*Dig. Lib. XII, tit. 6, leg. 60.*)

3º Quando quis, demum, juridice præscriptionem
objicere potest is quidem actionem impedit, vinculum vero obligationis naturalis non ideo excutit.

Hæc satis sint de variis obligationum naturalium
speciebus, ad tractationem transeamus earum ef-
fectuum.

§ III. — *Effectus obligationis naturalis.*

Septem ex jure romano numerantur obligationis
naturæ effectus præcipui, quos juvat ordinis gratià
et ad memoriæ levamen hic præ oculis distinctos
scribere.

1º Condictioni indebiti obstat;

2º In compensationem venit;

3º Accessiones admittit cautionis et pignoris :

4º Fundamentum esse potest fidejussionis;

5º Locum aperit pacto constituti;

6º Locum pariter dat novationi;

7º Post præscriptionem subest.

Hi autem omnes, ut lector ipse merito judicabit,
effectus æqui sunt ac notæ sui rei proprietates.

Quocumque vero nomine exornentur de singulis nonnihil explicationis conferre necesse est.

I. — Primus ergo obligationis naturalis effectus in eo reponitur quod excludat condictionem indebiti. Condictio autem definiri solet : « actio in per- » sonam, quâ denuntiatur alicui, ut rem ad nos per- » tinentem restituat. » Est, utique, multiplex ut videre est *(Dig. Lib. XII t. 1. § 4, 5, 6, 7 et ibid L. XIII. t. 1 § 2, 3)*, in quibus de variis condictionum generibus agitur. Naturalis, inquam, obligatio, has quascumque condictiones vim habet repellendi, utpote quid indebitum repetentes. Et hoc quidem attributum maximi momenti habetur apud quosdam jurisperitos, eo vel maximè quod, juxta eosdem, obligatio naturalis absque eo neque dignosci neque consistere efficaciter posset. Julianus enim condictionis indebiti exclusionem tenet ut signum essentiale existentiœ naturalis obligationis. Id, tamen, verum excedere aliquatenus videtur, nec omnino merito dictum existimamus. Signum enim illud, de quo loquitur Julianus, multo commodius definitur in possibilitate solutionis alicujus, quœ, simul facta, prodet inexpugnabilis. Exemplum in assertum veniat : Ego debitor tibi sum centum aureorum. Etsi apprime novi non posse te ad solutionem me cogere, tibi tamen debitos aureos solvo. Eo, utique, peracto, non possem contra te per condictionem reagere, nullus enim ex parte meâ error fuit. Sed, ulterius dico, neque magis mihi daretur locus in te prœdic-

tam condictionem invocandi etiamsi tibi indebitam
pecuniam solvissem. Illi enim centum aurei quos
tu a me recepisses, ut simplex donatio haberentur,
regulisque subjicerentur liberalitatum inter vivos.
Existimanus ergo argumentum existentiœ obligationis naturalis in hoc esse quod liquido constare de-
beat pecuniam a me solutam non per donationem
quidem, sed per solutionem tibi fuisse traditam.

Quidquid autem de eâ opinione censeatur, illud
tamen manet, obligationem naturalem, quando de
eâ constat vi propriâ condictionem repellere.

Animadvertamus opportet simplex officium morale
posse quandoque hoc idem prœstare. Ecce, enim,
mulier errore ducta dotem affert marito suo. Romani codices eam amovent ne dotem solutam am-
plius repetat, utpote quœ opere morali, hoc
agendo, functa est. Hoc quidem apud Romanos
maxime contingebat, apud eos enim via mulieri
aptior inveniendi maritum in dote reponebatur, imo
quidem sœpius nulla potebat alia. Verba autem digestorum hœc sunt : « Mulier si eâ opinione sit,
» ut credat se pro dote obligatam, quidquid dotis
» nomine dederit non repetit; sublatâ enim
» falsâ opinione relinquitur pietatis causa ex quâ
» solutum repeti non potest. » *(Dig. lib. XII t. 6,*
l. 32 § 2.) His verbis in evidentiâ ponitur rationem cur excludatur repetitio non a formâ contractûs
obliganti adscisci, sed, ut ita dicam, ab elemento
morali quod quidem in hoc documento obligatorio
continetur.

II. — Secundus effectus ex obligatione naturali ortus est jus compensationis. Id porro attributum in Romanis codicibus distinctis et conceptis verbis mandatum reperies. Ulpianus enim ait : « Etiam quod naturâ debetur venit in compensationem. » (*Dig. Lib. XVI t. 2 leg. 6*).

Hinc, igitur, si legis enuntiato standun sit, obligatio naturæ præfato effectu ac proprietate appertissimè gaudet. Res tamen adeo clara non erit si quod usu sæpè contingit attendamus. Quædam enim contra judicata detegimus quæ effectum hunc limitibus coarctant. In argumentum vocare liceat exemplum unum et alterum.

Æs alienum in servo ponimus ; servum autem ab actione prætorianâ de peculio protegi sciunt omnes ; attamen, juxtâ eamdem legem, dominus a servo suo in solutionem obligationis peculii summam exigere nequit. Quodque de servo dicimus de filio dicatur. In digestis enim legimus : « Si cum filiofamilias vel » servo contracta sit societas, et agat dominus vel » pater, solidum per compensationem servamus ; » quamvis si ageremus duntaxat de peculio, præsta- » retur. ». *(Dig. lib. XVI t. 2.)*

In hoc legis decreto, actio a domino intenditur. At vero, si servus socium tibi ex contractu habeat, poteritne socius debitum integrum servi in compensationem apponere, an ratam solum peculii partem? Huic quæsito ipsemet jurisconsultus responsum affert, posse videlicet, compensationem apponi pro summæ integritate a servo debitæ. In quâcumque autem societate pars lucri a socio repetita, quo ipse gravatur debito minuitur. Eo igitur pacto, quidquid ratam partem peculii in compensationem admissi excedit, compensatio fit naturalis debiti quod actio nulla nec jus quidem pretorium tuetur.

Ultimum sit argumentum : Creditum suppono duplex et reciprocum; quâ viâ licebit casum hunc expedire? Hanc unam probant jurisperiti : Si creditum illud positum ab eodem contractu non derivetur, sed a diversiis fontibus dimanet, compensatio prorsus amovebitur.

Ex collatis igitur, pro certo habendum videtur usum compensationis in obligationibus naturalibus maxime restringi, et ad circumstantias forsan numero paucas circumscribi.

III. — In tertium effectum obligationis naturalis venit quod prædam et sponsionem admittat; id est quod possit ei cautionibus caveri. Potest quidem hæc obligatio per rei cujuscumque traditionem firmari. Sic nos enim docet Digestorum liber XX, tit. 1, § 5 : « Res hypothecæ dari posse sciendum est » pro quâcumque obligatione, vel civili, vel hono-» rariâ, vel tantum naturali. »

Quando rebus traditis fulcitur obligatio, id advertendum est : quidquid in cautionem traditur civiliter implicari.

Si vero de pignoribus agatur, et quærat quis an possit obligatio naturalis pignoribus suffulciri : res non eadem gaudet explorata noticia; discordantque responsa. Auctores nonnulli autumarunt obligationem naturalem imparem esse pignoris hinc igitur pignus quo firmaretur non posse subsistere. Attamen, juxta quosdam alios non quidem aspernendos doctores, difficultatem sic possimus inodare : pignus in tutamen obligationis naturalis traditum subsistit quidem, sed imperfectæ obligationi subjacet; eâ quippe ratione ut quis possit pignus sibi retinere, sed per illud actionem intendere nequeat.

IV. — Quartus effectus seu quartum obligationis naturalis attributum est ut fidejuberi possit. In Dijestis codicibus hoc manifestè legitur : « Fidejussor » accipi potest quotiens est aliqua obligatio civilis » vel naturalis cui applicetur. » (*Dig. Lib. XLVI. tit. III, leg. 16, § 3.)*

Si quid adnotandum venit, id tantum de servo locum habebat. Quando igitur servus cum domino suo contrahit, naturaliter obligatur, atque in obligationis suæ firmitaten fidejussorem ministrare valet, et fidejussor civiliter ipse tenebitur. Eàdem utique, necnon et inversâ ratione, dominus in servum suum potest naturaliter obligari; at vero fidejussio hoc in casu fit impossibilis. Et causa quidem hujus rei in promptu est : servus enim de fidejussore stipulando acquirit domino suo; quamobrem sequeretur fidejussorem in debitorem principalem obligatione teneri, quod evidenter absurdum quid redolet.

V. — Quintum venit pactum constituti cujus ca-

pacem diximus obligationem naturalem. Stipulatio
pacti constituti praeexistens aliquod supponebat debitum, et modus in eâ sequens servari solebat :
Inter absentes, scilicet, nullam adhibendo formam
obligatoriam, jam existens obligatio modificabatur,
eâ fine ut ejusdem executio in tuto poneretur. Ad
sic porro stipulandum Gaius nos docet Comm. IV
§ 171, nudam sufficere voluntatis manifestatio-
nem.

His positis, dicimus : debitum huic pacto praere-
quisitum, vel civile esse potest, vel tantum naturale.
Sic enim ab Ulpiano accipimus : « Debitum vel
naturâ sufficit. » (*Dig. Lib. XIII, tit. 5, leg. 1,*
§ 7.)

VI. — Sexta proprietas obligationis naturalis, seu
ejus effectus sextus in eo est ut fundamentum novationi praebeat. Hoc evincitur ex ipsâ definitione
novationis ab Ulpiano consignatâ. Dig. Lib. XLVI.
tit. 2 leg. 1 : « Novatio est prioris debiti in aliam
« obligationem, vel civilem vel naturalem transfusio
« atque translatio; hoc est, cum ex praecedenti
« causâ ita nova constituitur ut prior perimatur. »

Per novationem igitur, obligationi civili, naturalis
substitui potest, et vice-versâ. Hanc reciprocam
substitutionem admitti posse atque deberi, menti
tantisper recogitandi facile liquebit, novationi
enim efficientia est duplex, quâ nimirum, obligatio
aliqua perimitur et in ejus locum alia gignitur.
Stipulatio autem quœ vim habet civilem obligatio-

nem tollendi, eadem poterit, a fortiori, naturalem tollere; sed quia hœc eadem stipulatio obligationem civilem fundare potest, etiam naturali initium dare poterit.

Ex his, ergo, sequitur quod si juxta Ulpiani verba, debitum aliquod civile ponit in aliud naturale per novationem transfundi, eodem jure naturalis debiti in obligationem civilem licita erit et legitima translatio. Sic, exempli gratiâ locus daretur novationi si quis de pupillo stipularit absque tutoris auctoritate. Comprobatur hoc exemplum per aliud simile et similibus fere verbis ab Ulpiano traditum : « Utputa, » inquit, si pupillus sine tutoris auctoritate promi- » serit. » *(Dig. lib. XLVI tit. 2 leg. 11 § 1 in fine).*

VII. — Postremo septimum et ultimum fecimus obligationis naturalis effectum, quod, nimirum, prescriptionem non agnoscat, et contra eam vim obligandi retineat.

Fatendum tamen est obligationem naturalem neque clare neque inconcusse hoc gaudere privilegio. Si enim quœratur an actio creditoris prescriptionem passa aliquam naturalem obligationem relinquat in debitore, quâ ulterius iste urgeatur.

Commentatores reperimus alios in aliam abeuntes sententiam. Ratio autem cur ideo acriter hæc quæstio apud eos controvertatur, ex verbis proficiscitur quibus utuntur Romani codices. Ii si quidem doctores qui volunt debitorem ab omni prorsus obligationis etiam naturalis onere per præscriptionem lævari, loca afferunt plura ex romanis fontibus quæ id convincere videntur; alii autem qui teneat præscriptionem interventii debitorem civiliter non autem naturaliter solutum, alia etiam multa invocant legislatoris verba quæ in suam quoque sententiam multum facere apparent.

Si quis vero litem aliquatenus enodare velit, et legem Romanam, hàc in re sibi consentientem facere, ille necesse habebit, duplicem instituere distinctionem. Ex unâ parte quidem distinguat oportet inter antiquarum temporalium actionum præscriptionem, et præscriptionem quam Theodosianam vocant.

Ex aliâ parte autem, distinctionem iterum habeat inter varias harum et harum naturalium obligationum effectus, qui plus minusve extendi solent.

Quidquid cætero de eâ discerptatione sit, ambiguum non videtur præscriptum creditum nullatenus in compensationem admitti posse, quod tamen vidimus obligationibus naturalibus generatim competere.

Sic absolvitur quæstio quam suscepimus tractandum, de obligatione scilicet naturali ejusque effectibus.

Hos autem effectus præcurrendo potuit quidque animadvertere non omnes singulis obligationibus naturalibus pertinere. Exemplo utamur : naturalis pupili obligatio impar omnino est quæ repetitionem impediat; (*Dig. Lib. LIX, tit. 5.)* Ea tamen in fundamentum novationi venit. Si vero de naturali obligatione servi ageretur, oppositum dicendum esset.

His igitur operi nostri finem facimus, nec sane illud habemus ut laude quidem, admodum vero ut indulgenti animo dignum.

DROIT FRANÇAIS

De l'obligation naturelle.

A tout droit correspond une obligation ; on appelle *obligation*, un lien de droit *(vinculum juris)* par lequel une personne est astreinte à donner, à faire ou à ne pas faire quelque chose. La personne investie du droit d'exiger l'accomplissement d'une obligation se nomme *créancier ;* celle qui est tenue d'accomplir l'obligation se nomme *débiteur*. C'est à cause de cela que l'obligation et le droit personnel qui y correspond se nomme *créance* et *dette*. Les obligations se divisent en deux grandes classes : les obligations *civiles* et les obligations *naturelles*.

C'est de cette dernière classe seule que nous aurons à nous occuper. Nous parlerons : 1° des caractères principaux qui distinguent les obligations civiles et les obligations naturelles ; 2° nous énumèrerons ensuite les principales obligations natu- relles ; 3° enfin, dans une troisième partie, nous traiterons des effets de l'obligation naturelle.

CHAPITRE PREMIER.

CARACTÈRES PRINCIPAUX QUI DISTINGUENT L'OBLIGATION CIVILE ET L'OBLIGATION NATURELLE.

Pour déterminer les caractères de l'obligation naturelle, il nous faut de toute nécessité recourir à la doctrine, car la loi n'a pas déterminé cette matière. En recourant au Droit romain, nous ne serions que très imparfaitement éclairés sur ce sujet, car dans le Droit romain on entend par obligation naturelle une catégorie d'obligations dont il ne peut être question en Droit français comme par exemple l'obligation naturelle d'un esclave envers son maître, ou bien les obligations naturelles résultant de simples pactes.

Certains auteurs ont pensé que l'obligation naturelle était « une obligation dérivant de la conscience » ou de l'équité et imposée par la délicatesse ou » l'honneur. » Entendues dans ce sens, les obligations naturelles seraient donc simplement des obligations de conscience, et l'on voit évidemment que ce serait donner un sens beaucoup trop général à cette expression car, dans ce cas, les obligations naturelles rentreraient dans la catégorie des devoirs, qui est complètement et en tous points en dehors de la théorie des obligations. En Droit français, quand on parle d'obligations naturelles, on veut dire une obligation qui est reconnue par la loi et par le droit civil, mais à laquelle le législateur, par des motifs d'intérêt général, a cru devoir retirer quelques-uns des effets juridiques attachés aux obligations civiles proprement dites ; ce sont, en quelque sorte des devoirs juridiques dont le principal caractère est de supposer toujours la possibilité (mais non l'existence actuelle) d'une coercition extérieure. Cependant, il faut remarquer qu'une obligation naturelle, dans le sens juridique, est une obligation reconnue par la loi, produisant des effets mais non des effets aussi rigoureux que les véritables obligations civiles.

Comparons maintenant l'obligation civile et l'obligation naturelle, et de cette comparaison ressortiront plus clairement les caractères qui les distinguent.

On entend par obligations civiles toutes celles qui sont sanctionnées par le droit civil au moyen d'une *action*. On appelle action le Droit accordé au créancier de poursuivre l'accomplissement de l'engagement consenti à son profit, mais de le poursuivre seulement au moyen des voies légales et admises par l'Etat. En général, les obligations ainsi sanctionnées ne sont autres que des obligations naturelles, qui avant l'existence des lois n'étaient fondées que sur l'équité, mais qui le furent plus tard sur la loi civile qui les reconnut et leur accorda une sanction.

« Des raisons d'ordre public, dit M. Toullier, en
» firent excepter quelques-unes qui restèrent telles
» quelles étaient avant l'Etat civil, c'est-à-dire que
» l'exécution en fut abandonnée à la bonne foi des
» débiteurs, contre lesquels la loi ne donna d'ac-
» tion que moyennant l'accomplissement de certai-
» nes formalités et de certaines conditions. » Nous
pouvons ajouter, en suivant toujours d'ailleurs l'avis
du savant auteur, que quoique refusant son secours
à ces obligations la loi n'en désapprouva pas moins le
débiteur de mauvaise foi en le taxant d'improbité
par cette sentence : « *Grave est fidem fallere.* »
Cependant, quoique leur retirant le droit d'action,
ces obligations n'en conservèrent pas moins certains
effets civils reconnus par les lois.

Ces obligations dont nous venons de parler sont
des obligations purement naturelles et nous pouvons
remarquer en passant qu'il est des obligations purement civiles, c'est-à-dire des obligations qui ne
prennent leur source que dans un ordre manifesté
par la loi, mais qui d'ailleurs peuvent quelquefois,
non-seulement ne pas reposer sur l'équité, mais
même répugner à la justice. Ainsi par exemple,
l'obligation d'un homme condamné injustement à
payer une somme qu'il ne devait pas, celle d'un
homme qui, comptant sur la bonne foi de son créancier, lui a déféré le serment décisoire; celle d'un
homme contre lequel il existe un titre, mais qui a
perdu le titre servant à constater son paiement.

Dans tous ces cas, en effet, le débiteur est contraint *civilement* de payer, quoiqu'en réalité il ne doive rien, soit parce qu'il n'a jamais contracté la dette dont on lui réclame le paiement, soit parce qu'ayant contracté cette dette il se soit déjà libéré et ne puisse par fournir la preuve de cette libération.

On nomme obligations simplement naturelles des obligations à la fois naturelles et civiles à l'origine, mais auxquelles le législateur a cru, par des motifs d'utilité ou d'ordre public, devoir retirer le caractère d'obligations civiles et, par suite, le droit d'action.

En un mot, pour donner la distinction exacte entre l'obligation civile et l'obligation naturelle nous dirons : l'obligation est civile lorsque garantie par un moyen coercitif puissant, le créancier a le droit de demander en justice le paiement de ce qui lui est dû. L'obligation au contraire est naturelle, quand le droit existant, le créancier n'a pas le droit d'action, c'est-à-dire le droit de réclamer en justice le paiement de ce qui lui est dû.

CHAPITRE II.

ÉNUMÉRATION DES PRINCIPALES OBLIGATIONS NATURELLES.

Pour plus de clarté, nous diviserons les obligations naturelles en deux catégories qui comprendront : la première, les obligations fondées sur une cause juridique, mais que le législateur, par des motifs d'ordre, n'a pas voulu regarder comme des obligations civiles; la seconde catégorie comprendra les obligations simplement naturelles qui, naturelles et civiles à l'origine, ont perdu le droit d'action par la volonté du législateur.

Section 1re. — La première catégorie d'obligations naturelles comprend :

1° *Les engagements contractés par des personnes qui étaient moralement capables de s'obliger, mais qui, frappées d'une incapacité portée par le droit positif, ne pouvaient s'engager valablement sans s'exposer à voir les actes ainsi passés annulés ou rescindés.* — De ce nombre sont, par exemple, les engagements contractés par un mineur ayant l'âge de raison, par une femme mariée non munie d'une autorisation maritale, par un interdit dans un intervalle lucide, par un prodigue sans l'autorisation de son conseil judiciaire. Les engagements contractés par ces personnes sont annulables ou rescindables, mais ils conservent toujours le caractère d'obligations naturelles et en subissent, par conséquent, tous les effets que nous aurons à étudier dans une autre partie.

2° Il y a aussi, suivant certains auteurs, un autre genre de dettes qui peut être rangé dans cette catégorie au même titre, à peu près, que celle dont nous venons de parler. C'est *la dette qui incombe à un héritier, lorsque son auteur a consenti une*

donation nulle en la forme. Cette opinion résulte
clairement des termes employés dans l'article 1340
du Code Napoléon. Nous lisons, en effet, dans cet
article : « La confirmation ou ratification ou *exécu-*
» *tion volontaire* d'une donation par les héritiers
» ou ayant-cause du donateur, *après son décès,*
» emporte leur renonciation à opposer *soit les vices*
» *de forme, soit toute autre exception.* » Ce qui veut
dire clairement que s'ils ont payé ils ne pourront
répéter ce qu'ils auront payé en vertu de l'exception de vice de forme, parce que le paiement qu'ils
auront ainsi opéré fait préjuger qu'ils ont voulu
accomplir un désir manifesté par leur auteur, désir
qui, il est vrai, n'a pas été manifesté d'une manière
conforme à la loi, mais qui n'en est pas moins évident. A la lecture de cet article, il se présente tout
naturellement à l'esprit une objection qui, au premier abord, peut paraître juste, mais qui n'est pas
conforme à la loi. Si les héritiers peuvent et doivent
même, en vertu de l'obligation naturelle qui leur en
incombe, payer une donation faite par leur auteur,
mais entachée d'un vice de forme, à plus forte raison le donateur lui-même, malgré ce vice de forme,
ne pourra, après avoir effectué le paiement, se pré-
valoir de cette exception. Cette donation sera pour
lui, comme pour ses héritiers, une obligation naturelle. Eh bien, cela est inexact, en vertu de l'article 1339 du Code civil : « Le donateur, dit cet
» article, ne peut réparer par aucun acte confir-

» matif les vices d'une donation entre-vifs; nulle en
» la forme, il faut qu'elle soit refaite en la forme
» légale. » On le voit, l'article est formel; c'est aux
héritiers seuls qu'incombe cette obligation naturelle,
le donateur n'est nullement tenu en vertu de cette
donation nulle; pour être civilement, et même
naturellement obligé, il est indispensable, en vertu
de l'article 1339 du Code civil, que la donation soit
« refaite dans les formes légales, » car cet article
refuse à l'acte irrégulier les effets de l'obligation
naturelle à l'égard du donateur. Pour une donation
irrégulière, à l'égard des héritiers, il n'en est pas
de même, car, après le décès du donateur, la donation entre-vifs faite par lui, quoique nulle en la
forme, oblige naturellement ses héritiers.

3° L'article 1325 et l'article 1326 produisent
également des obligations naturelles; ainsi, 1° *la
convention synallagmatique rédigée par acte sous-
seing privé, qui ne contient pas la mention qu'il en
a été fait autant de copies qu'il y a de parties
intéressées;* 2° *le billet sous-seing privé qui n'est
pas écrit en entier de la main du débiteur ou qui
ne contient pas au moins la mention de bon ou
approuvé pour, sont valables comme obligations
naturelles.* Ces actes ne sont pas valables, au moins
civilement, faute de l'accomplissement des formalités exigées par la loi, mais il est de toute évidence
qu'ils produisent au moins une obligation naturelle;
l'on peut même dire toutefois, en un certain sens,

qu'ils produisent une obligation civile, puisque le créancier pourrait, dans les deux cas que nous venons d'indiquer, déférer le serment au débiteur, son adversaire, afin de compléter ce qui manque à ces actes pour leur pleine et entière validité; ce que ne pourrait pas faire le donataire. Il ne pourrait en effet contraindre le débiteur, c'est-à-dire le donateur, à valider une donation, soit que sa nullité provienne de ce qu'elle a été faite sous-seing privé, soit qu'elle provienne du défaut de mention de l'acceptation. Nous avons vu, d'ailleurs, que, lors même que le donateur serait disposé à agir ainsi, la loi elle-même viendrait s'opposer à cette validation.

4º *Les dettes de jeu* sont encore rangées dans cette première catégorie des obligations naturelles. En effet, le Code civil, dans son article 1965, refuse toute action au créancier pour le recouvrement de ces dettes, mais l'article 1967 mentionne aussi que le perdant ne pourra, en aucun cas, répéter ce qu'il a volontairement payé, « à moins qu'il y » ait eu de la part du gagnant dol, supercherie ou » escroquerie. » Voir dans une dette de jeu une obligation naturelle n'a rien qui répugne à l'équité, car il est juste, en effet, qu'après avoir couru le risque de donner à mon adversaire une certaine somme que j'aurais certainement payée si j'avais perdu, il me donne cette même somme puisque le sort m'a favorisé; il est nécessaire, toutefois, pour que cette obligation du perdant existe, qu'il y ait eu égalité et loyauté dans l'exécution du jeu. Il naquit naturellement des abus, surtout au sujet des jeux de hasard, et les lois romaines, de même que les ordonnances de nos rois, furent obligées de porter remède à ce mal. Nous lisons, à ce propos, dans l'article 10 de la déclaration du 10 mars 1781 : « Sont nuls et de nul effet tous contrats, obli- » gations, promesses, billets, ventes, cessions, » transports et tous autres actes de quelque nature » qu'ils puissent être, ayant pour cause une dette » de jeu, soit qu'ils aient été faits par des majeurs » ou des mineurs. » Ces prohibitions s'étendirent non-seulement aux jeux de hasard, mais à tous les autres jeux quels qu'ils fussent et même aux jeux d'adresse. On pourrait conclure de ces dispositions que nous venons de rapporter que les majeurs pouvaient répéter ce qu'ils avaient perdu au jeu (et cette conséquence paraît certainement logique) puisque la loi considérait les dettes de jeu comme privées de toute espèce d'effets, et par conséquent comme n'engendrant point d'obligations naturelles. Il n'en est cependant pas ainsi, et les mineurs seuls avaient le droit de répéter ce qu'ils avaient perdu. Nous trouvons la preuve de cette allégation dans l'article 59 de l'ordonnance de Moulins, qui ne parle que des mineurs en leur accordant le droit de répétition. On est donc fondé à conclure que cette répétition était interdite aux majeurs en vertu de ce principe : « *Qui dicit de uno, negat de altero.* » Nous venons de montrer que, même au temps où les jeux étaient le plus sévèrement défendus par les lois, les dettes qui en résultaient n'étaient pas complètement dénuées de tout effet, au moins quant à certaines personnes. Cependant, même à cette époque, on fit plus encore : il y avait en France certains juges établis afin de trancher les questions qui se rattachaient au point d'honneur, et par le règlement du 6 mai 1760, ils décidèrent que les dettes de jeu contractées par des gentilshommes ou militaires, et qui n'excèderaient pas 1,000 fr., pourraient être réclamées devant ce tribunal. Dans ce cas, il est évident que l'obligation avait, non-seulement le caractère de naturelle, mais même le caractère d'obligation civile puisque une loi intervenait par laquelle on pouvait réclamer devant une certaine juridiction le paiement des dettes contractées au jeu. Il faut cependant remarquer que cette obligation ainsi caractérisée n'obligeait que certaines personnes, et dans certains cas seulement, puisqu'il ne fallait pas que la somme dépassât 1,000 fr., ni qu'elle fût due par une autre personne qu'un gentilhomme ou militaire. Sous l'empire du Code civil, les jeux de hasard sont prohibés, mais les jeux qui servent à exercer le corps, tels que « les courses à pied ou à cheval, les » courses de charriot, le jeu de paume et les jeux » propres à exercer au fait des armes, » sont traités moins sévèrement puisque la loi, dans l'article

3

1966, leur accorde une action. Cependant, ajoute cet article, « le tribunal peut rejeter la demande » quand la somme lui parait excessive. » Ainsi donc, les dettes contractées au jeu ou à des paris ne sont pas complètement **dénuées de tout** effet juridique, **puisque** le débiteur ne peut répéter ce qu'il a volontairement payé; mais, d'un autre côté, **la loi** refuse toute action au créancier qui, d'ailleurs, ne peut user ni de la compensation, ni de la reconvention. Il y a donc une obligation naturelle pour le perdant d'acquitter les dettes de jeu, puisqu'une obligation naturelle est celle à qui la loi n'accorde pas d'action, mais qui, d'ailleurs, n'est pas soumise à répétition.

5° *Le devoir qui incombe aux parents de pourvoir à l'établissement de leurs enfants par mariage ou autrement* est encore une obligation naturelle. Il est d'abord tout à fait évident, d'après l'article 204 du Code civil, que ce n'est pas une obligation civile, car cet article est très formel et enlève à l'enfant toute « action contre ses père et mère pour » un établissement par mariage ou autrement. » Cette obligation n'est pas civile, mais est-elle naturelle? Oui, elle est naturelle, parce que les sommes données ne pourront être répétées et que cette prohibition est un des caractères distinctifs de l'obligation naturelle. Si le législateur a refusé toute action aux enfants dans cette hypothèse, c'est dans un but de convenance et il a pensé que d'ailleurs les parents verraient dans cet acte une obligation morale qu'il était inutile de sanctionner, et s'il n'avait pas cru que les parents fussent suffisamment astreints par cette obligation naturelle, il n'eût pas enlevé aux enfants tout moyen d'action. S'il eût voulu d'ailleurs enlever toute espèce d'effet à une pareille obligation, l'article 204 était inutile, car, dans cet article, il dit seulement que les enfants n'auront « *aucune* action contre leurs parents » pour un établissement, etc. » Mais le législateur semble entendre par là que s'il n'a pas voulu faire de cette obligation une obligation civile, il n'en restait pas moins une obligation naturelle. Voici d'ailleurs les motifs qui ont poussé les législateurs à poser cette règle de l'article 204 et nous verrons qu'ils ont voulu considérer l'obligation dont nous parlons comme purement naturelle, étant de son essence même l'expression de la voix de la nature.

Nous lisons, en effet, dans le discours prononcé par le tribun Boutteville sur le titre V, livre Ier du Code civil, à propos de l'article 204 : « Pour intro- » duire dans les pays de droits coutumiers et y » imposer aux pères l'obligation stricte de doter leur » fille, il fallait une révolution dans les idées.

» Dans les pays de droit écrit, où les pères sont » accoutumés à regarder comme légale cette obli- » gation, ils continueront à y faire par respect pour » l'ancienne loi et par *devoir*, ce que les pères » font chez nous, *en n'obéissant qu'à la voix de la*

» *nature, au sentiment paternel* ; et rien de part et
» d'autre ne sera changé. »

6° Enfin, il est une dernière espèce d'obligation
naturelle que nous devons ranger dans cette catégorie : C'est *le devoir de rémunérer et de reconnaître certains services, lorsque ces services sont de
la nature de ceux qui se paient à prix d'argent.*
Par exemple, pour les soins extraordinaires don-
nés par un domestique à son maître, ou bien le
travail d'un mandataire qui a mis tous ses soins à
remplir le mandat qui lui était confié, lors même
qu'en principe il eût accepté ce mandat gratuite-
ment. Quelques auteurs ont soutenu que c'était là
une pure donation, je ne crois pas pour ma part
devoir me ranger de cet avis. D'ailleurs, la Cour de
cassation, dans un arrêt du 22 mai 1860, a déclaré
qu'un tel acte était non pas une donation, mais
bien le paiement d'une obligation naturelle, non
sujet à répétition. Si d'ailleurs un pareil acte
était une donation, il pourrait être révoqué pour
ingratitude, pour cause de survenance d'enfants
au donateur, et pour toute autre cause pour les-
quelles la donation est sujette à révocation ; or, il
n'en est pas ainsi et de pareils actes ne peuvent
être révoqués.

SECTION 2e. — Nous allons passer maintenant à
l'examen des principales obligations naturelles,
comprises dans la seconde catégorie, c'est à dire

des obligations *simplement* naturelles dans l'état actuel de la législation, mais qui dès l'origine étaient des obligations civiles et naturelles et auxquelles le législateur, par des motifs d'utilité publique, a cru devoir retirer le droit d'action.

Au nombre de ces obligations, nous trouvons :

1° *L'obligation à laquelle reste soumis le débiteur après l'accomplissement de la prescription.* — En Droit romain, cette question est très controversée et les textes ne sont pas suffisants pour établir la doctrine sur ce point. Il n'y a qu'une seule chose qui ne souffre pas discussion, c'est que lors même qu'on admet que la créance prescrite donne lieu à une obligation naturelle, il est certain qu'une pareille obligation ne peut être soumise à compensation. Quelle que soit la théorie en Droit romain, il est admis en Droit français qu'une telle créance produit une obligation naturelle. En effet, dans quel but la loi a-t-elle établi la prescription et a-t-elle décidé qu'après un certain temps on ne pourrait plus intenter telle action ? C'est dans un but d'intérêt privé et d'intérêt public à la fois ; c'est pour éviter qu'on ne vienne, après un très long laps de temps, intenter une action à une personne lorsqu'elle ne peut plus fournir aucune preuve, soit de sa libération soit de la non existence de l'obligation. C'est dans ce but très louable et très juste qu'a été établie la prescription ; mais cependant peut-on comprendre qu'on enlève à ces obligations les effets qu'elles peuvent produire par la libre volonté des parties ? Si la partie reconnaît son obligation après la prescription écoulée, pourquoi refuser d'admettre le paiement de cette obligation comme valable ? On n'a plus à redouter des procès dans lesquels les preuves sont presque impossibles, puisqu'il s'agit tout simplement de la reconnaissance volontaire d'une dette existant réellement. Il est certain qu'il est dans l'esprit de nos lois, et cela est admis par la presque unanimité des auteurs, que la prescription de l'action du créancier laisse subsister chez le débiteur non-seulement un devoir de conscience, mais encore une véritable obligation naturelle.

2° *L'obligation qui pèse sur le débiteur, qui possède en sa faveur l'autorité de la chose jugée, ou l'autorité d'un serment décisoire, ou même toute autre présomption légale qui empéche le créancier de le poursuivre*, est une obligation naturelle. Nous trouvons ici encore les mêmes motifs que dans le cas précédent, qui nous font penser que cette seconde hypothèse donne aussi lieu à une obligation naturelle. Car enfin si le débiteur, quoique ayant juré ne rien devoir, reconnaît qu'il s'est trompé, il serait souverainement injuste que le paiement qu'il ferait à son créancier ressemblât à une donation et fût soumis aux effets d'un pareil acte. De même aussi, quoique ayant obtenu un jugement en sa faveur, s'il reconnait cependant qu'il doit la somme que lui reclamait son créancier, la loi ne peut pas s'opposer à une pareille restitution, du moment que cela ne donne lieu à aucun nouveau procès et que d'ailleurs c'est une reconnaissance volontaire de la part du débiteur.

3° On range également dans cette seconde catégorie des obligations naturelles, *l'obligation à laquelle reste soumis le failli concordataire, de désintéresser intégralement ses créanciers, malgré la remise qu'il a obtenue par le concordat.* En effet, par le concordat le créancier s'est dépouillé lui-même et volontairement de son droit de poursuite; il a reçu une certaine somme en paiement de ce qui lui était dû, mais il n'a pas reçu la totalité de sa dette. On ne peut pas admettre qu'il ait voulu faire libéralité au débiteur de ce que celui-ci lui doit encore, et par conséquent la dette n'est pas complètement éteinte; elle subsiste encore pour ce qui reste dû par le débiteur et n'est détruite que dans une partie de ses effets, en ce que le créancier a abandonné le droit d'action. Du moment, par conséquent, que le droit d'action est seul enlevé à cette obligation, elle devient naturelle, de civile qu'elle était. Ce qui le prouve d'ailleurs, c'est que la loi elle-même reconnait la validité d'un pareil paiement et en fait même une nécessité pour le failli qui veut être réhabilité. L'article 604 du Code de commerce dit, en effet :

» « Le failli qui aura *intégralement acquitté* en prin-

» cipal, intérêts et frais *toutes les sommes par lui* » *dues*, pourra obtenir sa réhabilitation. » Il y a donc une véritable obligation naturelle pour le failli concordataire de payer toutes les sommes par lui dues et dont il lui a été fait remise par le concordat, il est même obligé civilement à ce paiement lorsqu'il veut obtenir sa réhabilitation.

4° Enfin, nous trouvons parmi les obligations naturelles de cette seconde catégorie, *la dette d'une rente féodale supprimée par les lois révolutionnaires.* Une pareille dette constitue une obligation naturelle. Cependant, il y a une distinction à établir. Lorsque le débiteur d'une rente féodale fait un nouvel acte pour s'engager à payer et à continuer cette rente, il est de la dernière importance de remarquer si le nouveau titre est simplement un acte recognitif de l'ancienne créance, ou bien si le nouveau titre constitue une nouvelle obligation, une nouvelle rente. Dans le premier cas, ce titre n'est pas civilement obligatoire, parce qu'il rappelle sans substitution l'ancienne rente. Dans le second cas, au contraire, l'acte est valable, parce qu'il y a substitution de l'ancienne rente à une nouvelle; l'acte est même valable dans ce cas, lors même qu'on aurait donné l'ancienne rente comme cause de la nouvelle, si en réalité le nouveau titre a créé une rente nouvelle, qui d'ailleurs peut consister dans les mêmes prestations. Pour que la nouvelle rente soit valable, il faut et il suffit qu'il y ait *novation* et cette novation peut se présumer ou bien encore résulter de l'ensemble de l'acte, si telle parait être l'intention des parties.

Toutefois même, dans le cas où la rente nouvelle n'indique pas suffisamment qu'il y ait novation, lors même qu'elle n'est comme nous l'avons déjà dit, qu'un simple acte recognitif de l'ancienne obligation, cependant, on ne peut répéter ce qui a été payé et l'effet de la nullité de l'acte décharge simplement le débiteur du paiement ultérieur de la rente. La Cour de Cassation a indiqué clairement l'importance de la distinction que nous venons d'établir en rendant, dans deux espèces semblables, deux arrêts en sens contraire. Dans un arrêt du 3 juillet 1811, la Cour de cassation a validé le paiement de rentes provenant et ayant en quelque sorte pour cause les anciennes rentes féodales, mais elle a validé le paiement de cette dette, parce qu'elle a considéré le contrat passé entre les parties comme un contrat nouveau, emportant novation du premier et dont la cause se trouvait dans l'obligation naturelle née de ce dernier, obligation que les lois révolutionnaires n'avaient pu complètement détruire et effacer. Au contraire, dans un arrêt du 25 octobre 1808, la Cour de cassation jugea dans un sens tout différent, parce que le nouveau titre ne lui a paru qu'un simple titre recognitif de l'ancienne rente. Elle n'a vu dans ce cas aucune novation, ni expresse, ni tacite, et elle a jugé que la nullité de l'ancien titre entraînait la nullité du nouveau, car il était dû à une cause illicite, puisque l'ancien titre qui lui servait de cause était réprouvé par des lois encore toutes puissantes.

CHAPITRE III.

EFFETS DE L'OBLIGATION NATURELLE.

A la différence des obligations civiles qui engendrent des actions et qu'on peut opposer comme moyens d'exception, les obligations naturelles ne produisent pas d'action, c'est-à-dire qu'on ne peut pas poursuivre quelqu'un pour le paiement d'une obligation naturelle. Cependant, il faut reconnaître que dans une certaine mesure les obligations naturelles produisent exception ; étant de quelque manière reconnues par la loi civile, elles ne sont pas dénuées de toute espèce d'effets juridiques et les législateurs eux-mêmes leur ont reconnu, par diverses dispositions de nos codes, certains effets que nous devons maintenant passer en revue et examiner.

1º Parmi les principaux effets de l'obligation naturelle, l'article 1235 du Code civil nous indique que *l'obligation naturelle fournit exception contre la demande en répétition de ce qui a été volontairement acquitté en paiement d'une telle obligation.* Cet article 1235, dans son second paragraphe, est on ne

peut plus clair sur ce point : « La répétition, dit-
» il, n'est pas admise à l'égard des obligations na-
» turelles qui ont été volontairement acquittées. »
On exprime généralement cette idée en disant que
l'obligation naturelle exclut la « *condictio indebiti* ».
Cet effet était produit également par l'obligation
naturelle en Droit romain, et nous avons déjà indiqué cet effet quand nous avons traité ce sujet dans
notre première partie *(Jus Romanum)*. La législation française a donc pris cet effet de l'obligation
naturelle au Droit romain, et il est bon de remarquer ici que, dans cette ancienne législation, l'obligation naturelle produisait des effets beaucoup plus
étendus que dans notre Droit français actuel, et
était la source de beaucoup plus d'exceptions. Cet
effet de l'obligation naturelle est donc emprunté au
Droit romain.

Nous trouvons encore dans notre Code civil un
autre article qui prouve que l'obligation naturelle
est dépourvue de la *condictio indebiti*, c'est l'article 1967. Cet article, il est vrai, est moins général
que le précédent ; mais je crois qu'il sera facile de
démontrer qu'il milite en faveur de notre opinion
tout aussi bien que l'article 1235. Cet article 1967
dit, en effet, en parlant des dettes de jeu et de
pari : « En aucun cas, le perdant ne peut répéter
» ce qu'il a volontairement payé, à moins qu'il n'y
» ait eu de la part du gagnant dol, supercherie ou
» escroquerie. » Donc l'obligation naturelle prove-

nant d'une dette de jeu exclut la *condictio indebiti*
Mais du moment que la loi considère ces dettes
comme des obligations naturelles, l'effet qu'elle accorde à cette obligation naturelle en particulier doit
à plus forte raison s'appliquer à toutes les autres,
car les obligations naturelles provenant d'une dette
de jeu ou de pari sont, si je peux m'exprimer ainsi,
les moins parfaites d'entre les obligations naturelles. Cet effet devra donc, à bien plus forte raison,
s'appliquer au paiement opéré par un débiteur
après l'accomplissement de la prescription ; au paiement du surplus de la dette opéré par un failli
concordataire qui veut se réhabiliter, et de même
aussi à toutes les autres espèces d'obligations naturelles que nous avons énumérées. Ce qui le prouve
d'ailleurs, c'est la concordance du texte de l'article 1235, qui est plus général et qui embrasse toutes
les obligations naturelles, quand il dit : « La répé-
» tition n'est pas admise à l'égard *des obligations*
» *naturelles...* », et du texte de l'article 1967, quand
il dit : « Dans aucun cas, le perdant ne peut répé-
» ter ce qu'il a volontairement payé. »

Le premier effet de l'obligation naturelle est donc
d'être privé de la *condictio indebiti* et le débiteur
ne peut en répéter le paiement quand il a été volontairement opéré.

2° *Au moyen d'une novation, une obligation naturelle peut être transformée en une obligation
civile.* Tel est le second effet de l'obligation natu-

relle, qui est, comme le précédent, emprunté aussi au Droit romain par notre loi française.

Nous lisons en effet au Digeste, livre XLVI, titre II, loi 1, § 1er *De novatione :* « Illud non inte-
» rest qualis processit obligatio : utrum naturalis,
» an civilis, an honoraria : et utrum verbis an re an
» consensu ; qualiscumque obligatio sit quæ proces-
» sit novari verbis potest ; dummodo sequens obli-
» gatio aut civiliter teneat, aut naturaliter ; utputa
» si pupillus sine tutoris auctoritate promiserit. »

La doctrine et la jurisprudence s'accordent par-
faitement à dire qu'une obligation naturelle peut parfaitement être transformée en une obligation civile et servir de cause suffisante pour la validité de cette obligation civile. Une novation proprement dite n'est pas même exigée pour que cette trans-
formation ait lieu ; il suffit que le débiteur de l'obli-
gation naturelle souscrive un engagement par lequel il promette de payer une somme équivalente au montant de son obligation naturelle. Ainsi, Primus est débiteur depuis plus de trente ans de 10,000 fr. La prescription qui a couru à son profit enlève à son créancier Secundus tout moyen d'action contre lui : cependant, nous savons qu'il existe une véritable obligation naturelle à laquelle est tenu Pri-
mus. Comment pourra-t-il transformer cette obli-
gation naturelle en une obligation civile, ayant précisément pour cause l'ancienne obligation naturelle ?

Cela est très simple : il suffit que Primus sous-crive à Secundus, son créancier, un engagement égal à la valeur de 10,000 fr., montant de sa dette naturelle. Cette obligation civile ainsi contractée est valable, parce que Primus renonce par là au droit d'opposer la prescription, et elle est valable aussi parce que son obligation naturelle subsistait encore. Il y a même dans ce cas plus que la simple renonciation à la prescription prévue par l'article 2224 du Code civil, car le débiteur non-seulement renonce à son droit d'opposer la prescription, mais encore il souscrit une nouvelle obligation, en sorte que les créanciers de Primus ne pourraient, en vertu de l'article 2225, écarter la prescription sous prétexte qu'ils ont le droit de l'opposer quand le débiteur y renonce, car Secundus est placé sur la même ligne que les créanciers de Primus, par suite de la nouvelle obligation qu'il vient de contracter envers lui, laquelle obligation est basée sur la justice et l'équité, ce qui est une cause bien suffisante.

Il n'y a, en effet, aucune injustice et aucune inconséquence à permettre la novation d'une dette naturelle qui ne peut être poursuivie en justice, parce que la novation est un acte volontaire et que la loi, en interdisant la poursuite de ces obligations, a voulu tout simplement éviter la contrainte en ces matières, mais n'a jamais voulu s'opposer à l'exécution de dettes qui sont quelquefois plus sacrées que les dettes civiles, puisqu'elles tiennent à la conscience et à la probité, tandis que quelquefois les dettes purement civiles, et qu'on est légalement contraint d'acquitter, reposent sur des causes injustes ou fausses, comme par exemple l'obligation d'une personne de payer une certaine somme sur le faux serment de son adversaire.

Non-seulement la dotrine, mais aussi la jurisprudence admettent cet effet important de l'obligation naturelle. Ainsi, un arrêt de la Cour de cassation, du 3 décembre 1813, a jugé que l'acquéreur d'un bien national qui, par des scrupules de conscience, avait restitué ce bien à son ancien propriétaire, ne pouvait faire annuler sa révocation sous prétexte qu'il n'avait reçu aucun prix; car la Cour a pensé que le sentiment d'équité qui l'avait poussé à remplir cette obligation était une cause suffisante à cette obligation. La Cour de cassation a jugé encore dans le même sens le 19 janvier 1832. Nous avons encore en faveur de notre opinion un arrêt de la Cour de Bordeaux, du 24 août 1849, et un arrêt encore plus récent de la Cour de Paris, du 24 avril 1858.

La doctrine et la jurisprudence sont donc parfaitement d'accord et attribuent cet effet à l'obligation naturelle. Il y a cependant une exception à ce principe pour les dettes de jeux et de paris, qui ne peuvent être transformées en obligations civiles au moyen d'engagements nouveaux. Ainsi, le souscripteur d'un billet ayant réellement pour cause une dette de jeu, conserve, malgré la fausse indication d'une cause civile l'exception résultant de l'article 1965 qui interdit toute action pour le paiement d'une dette ayant pour cause une dette de jeu. Un arrêt de la Cour de Rouen, du 14 juillet 1854, va même jusqu'à prétendre que le souscripteur d'un pareil billet peut en réclamer la restitution par voie d'action. Il serait autorisé, dans ce cas, à prouver par témoins la véritable cause de l'obligation; il pourrait même la prouver à l'aide de simples présomptions.

Il est une hypothèse où les marchés à terme tombent sous le coup de la disposition de l'article 1965. Disons d'abord ce que l'on entend par marchés à terme. Ce sont : « des ventes faites à » prix ferme de marchandises ou de valeurs quel- » conques sujettes à de fréquentes fluctuations de » cours, et dont la livraison ne doit avoir lieu que » dans un certain temps. » Ces conventions, on le voit, renferment un élément aléatoire assez important.

Cependant, des articles 421 et 422 du Code pénal il résulte que de pareilles conventions ne constituent pas toujours et nécessairement des opérations de jeu, et que, dans certains cas, par conséquent, ces conventions sont civilement obligatoires, parce qu'alors chacune des parties jouit du droit de pouvoir en réclamer l'exécution. Il est d'autres cas, au contraire, où les marchés à terme sont considérés comme de véritables opérations de jeu et qui, par conséquent, tombent sous l'application des articles 1965 et 1967 du Code civil. Cela arrive lorsque les parties contractantes sont dans l'intention de ne pas faire suivre ces conventions d'une exécution réelle et de se borner à opérer simplement le paiement de la différence entre le prix convenu et le cours de la chose qui fait l'objet de ladite convention, à l'époque fixée pour la livraison. Les juges ont d'ailleurs, en cela, un pouvoir discrétionnaire et devront examiner quelle a été la véritable intention des parties, car le simple fait du paiement de la différence que nous venons d'indiquer n'imprimerait pas à ces conventions le caractère de jeu. De tout cela, cependant, nous devons conclure que, si dans le second cas que nous venons d'examiner les marchés à terme ou à livrer sont assimilés dans leurs effets aux dettes de jeu et de pari, ces marchés sont des obligations naturelles et le paiement qui en a été opéré ne peut être répété.

Certains auteurs pensent, qu'en théorie, une pareille conclusion est fausse; ils prétendent même que ces marchés à terme ne produisent pas obligation naturelle. Cependant, outre que la majorité des auteurs repousse cette dernière opinion, une jurisprudence constante nous autorise à admettre la première opinion et à maintenir aux marchés à terme le caractère d'obligations naturelles.

Nous trouvons en effet une foule d'arrêts en notre faveur ; ainsi : un arrêt de la Cour de cassation du 25 janvier 1827, un autre arrêt de la même Cour du 30 mars 1838, un autre du 2 août 1859 et enfin un autre arrêt plus récent encore du 24 juillet 1866. La Cour de Paris, suivant en cela la jurisprudence de la Cour de cassation, applique également les articles 1965 et 1967 aux opérations de jeux sur effets publics, de même qu'aux marchés à terme fictifs sur toutes autres valeurs. Ainsi, nous trouvons un arrêt de la Cour de Paris du 26 mars 1832, un autre du 16 juillet 1851. Notons aussi en passant un arrêt de la cour de Bordeaux du 25 août 1858.

3° Nous arrivons maintenant au troisième effet de l'obligation naturelle : *Les engagements pris pour acquitter une obligation naturelle constituant bien moins des libéralités que des contrats à titre onéreux, ne doivent ni pour la forme, ni pour le fond être soumis aux formalités qui régissent les dispositions à titre gratuit.* Acquitter une obligation naturelle ne doit pas être considéré comme une donation. En effet, la loi, nous l'avons déjà dit, considère l'obligation naturelle non pas d'une manière aussi favorable que les obligations civiles, puisqu'elle lui retire certains effets et notamment un des principaux, le droit d'action, mais cependant, malgré cette défaveur, inspirée par des raisons d'intérêt public, la loi reconnaît les obligations naturelles comme de véritables dettes auxquelles on est tenu, sinon par une coercition extérieure,

du moins par des motifs d'honneur et de conscience En effet, vous empruntez 10,000 francs à
une personne ; trente ans s'écoulent sans que cette
personne vienne vous les réclamer, ni intenter
contre vous aucune action à l'effet de vous faire res-
tituer cette somme que vous avez empruntée. Au
bout de trente ans, il y a prescription ; à cause du
long espace de temps qui s'est écoulé et vu les
difficultés qu'on éprouverait très probablement
après un si long espace de temps pour produire les
pièces prouvant, soit l'extinction, soit l'existence
de la dette, la loi a jugé opportun de retirer au
créancier toute action et de laisser simplement
subsister une obligation naturelle, peut-on supposer que la dette n'existe plus ? Évidemment non ;
les 10,000 francs ont été prêtés, ils n'ont jamais
été remboursés au créancier, la dette existe donc
encore ; par conséquent, si après trente ans le débiteur, reconnaissant cette dette, l'acquitte volontairement, malgré la protection que lui accorde la loi,
pourrait-on dire qu'il fait une libéralité à son créan-
cisr? Le bon sens et l'équité font justice d'une pareille conclusion et l'on voit évidemment que dans
cette hypothèse il y a acquittement d'une véritable
dette, et non pas libéralité de la part du débiteur.

Cela posé, il est impossible que le législateur ait
voulu soumettre l'acquittement de ces dettes aux
formalités exigées pour les conventions à titre gratuit; nous venons de voir, en effet, que le débiteur
qui, par exemple, après la prescription acquitte une
dette, fait un véritable paiement et point du tout

une libéralité. Une jurisprudence constante vient encore corroborer la vérité de notre opinion, car plusieurs arrêts de la Cour de cassation ont jugé en ce sens. Nous nous bornerons à citer un arrêt de la Chambre civile du 19 décembre 1860.

Une dernière remarque avant de terminer l'examen de cet effet de l'obligation naturelle, c'est qu'il doit être appliqué pour la perception des droits d'enregistrement. Notons aussi qu'il faut ranger encore au nombre des conventions valables, même sans les formalités de la donation, la promesse faite à quelqu'un pour qu'il accomplisse un devoir que la reconnaissance seule aurait dû l'engager à faire; la loi considère en effet cette promesse comme ayant une cause et une cause suffisante pour sa validité

4° Le quatrième et dernier effet de l'obligation naturelle prévu et admis par nos lois, est celui-ci : *Les engagements annulables ou rescindables à raison de l'incapacité purement civile du débiteur, sont susceptibles de former l'objet d'un cautionnement civilement efficace.* Nous trouvons cet effet de l'obligation naturelle indiqué dans le § 2ᵉ de l'article 2012 du Code civil, ainsi conçu : « On peut, néan- » moins, cautionner une obligation encore qu'elle » pût être annulée par une exception purement » personnelle à l'obligé, par exemple en cas de » minorité. »

Cet effet de l'obligation naturelle, de même que tous les autres comme nous l'avons déjà fait remarquer, est emprunté au Droit romain. Nous lisons en effet au Digeste, livre XLVI, titre Iᵉʳ, loi 16, § 3 : » *Fidejus-*

*sor accipi potest quotiens est aliqua obligatio civilis
aut naturalis cui applicetur.* » Lorsque l'obligation
naturelle produit cet effet, il arrive que l'engagement naturel du débiteur principal devient l'objet
de l'engagement civil de sa caution qui intervient
alors pour obvier au défaut de lien de l'obligation
naturelle ou à l'*incapacité* civile du débiteur principal. De là cette conséquence que l'on peut cautionner les personnes capables de s'obliger *naturellement* et incapables de contracter une obligation
civile.

Il y a cependant des lois du Digeste qui semblent
se contredire en ce qui concerne le cautionement
d'un interdit, d'un furieux ou d'un prodigue. Toutefois, comme nous devons considérer les lois romaines plutôt en ce qu'elles ont de conforme, que de
chercher à les débarrasser des antinomies appa-
rentes ou réelles qui s'y trouvent, il faut adopter
celles qui se trouvent le plus conforme à la raison et
à l'esprit de nos lois françaises. La difficulté que
nous venons de signaler fut d'ailleurs tranchée par
la coutume de Bretagne, où nous voyons à l'article
184 que le fidejusseur ou la caution capable de
s'obliger civilement peut s'obliger pour des incapables soit mineurs, soit furieux, soit prodigues ou
autres, et par ce dernier mot on veut parler de la
femme mariée. Cette disposition ne répugne d'ailleurs en rien à l'équité et se trouve parfaitement
conforme à la raison. Ainsi, par exemple, un de
mes parents a contracté une obligation valable
comme obligation naturelle mais insuffisante comme

obligation civile, parce qu'il est sous le coup d'une interdiction quelconque. Je me porte garant de cette obligation, et il peut arriver dans ce cas que j'aie deux motifs puissants pour justifier ma détermination : Je puis d'abord avoir intérêt à garantir cette dette, et en second lieu l'article 1236 permet à un tiers quelconque d'acquitter une obligation, pourvu qu'il agisse au nom et à l'acquit du débiteur. Il est vrai qu'on peut objecter contre cette affirmation que, cautionnant un incapable, je ne puis avoir d'action contre lui. Cette objection est juste, il faut le reconnaître ; mais ne puis-je pas cautionner une telle obligation et l'acquitter, si cela me convient, et s'il m'importe peu de n'avoir pas d'action contre celui que je cautionne? Un pareil motif ne peut faire annuler leur engagement.

POSITIONS

DROIT ROMAIN

I. — L'obligation naturelle survit à la prescription.

II. — Le débiteur *inique absolutus* reste soumis à l'obligation naturelle.

III. — Le pupille qui contracte s'oblige naturellement.

DROIT CIVIL

I. — La prescription n'éteint pas l'obligation naturelle.

II. — L'erreur de droit n'autorise pas la répétition de ce qui a été payé en exécution d'une obligation naturelle.

III. — Les dettes de jeu engendrent-elles une obligation naturelle? — Oui.

DROIT COMMERCIAL

I. — L'engagement du commanditaire envers les créanciers sociaux est direct et commercial.

II. — Si les mandataires administrateurs d'une société anonyme avaient été nommés par un acte social et non par un acte postérieur, ne pourraient-ils être révoqués, conformément à l'article 1856 du Code Napoléon, que pour une cause légitime? — Non.

PROCÉDURE CIVILE

I. — Si un étranger assigne un autre étranger devant un tribunal français, le défendeur jouira-t-il du bénéfice des articles 16 du Code civil et 166 du Code de procédure civile? Pourra-t-il exiger la caution? — Oui.

II. — La nullité résultant de l'omission de la tentative de conciliation n'est pas d'ordre public.

DROIT ADMINISTRATIF

I. — Lorsque sur l'appel d'un jugement de première instance une Cour a renvoyé les parties pour faire juger leur différend devant un tribunal situé dans un autre département que celui où l'action judiciaire a été intentée, le préfet du département dont dépendait le tribunal primitivement saisi, est-il recevable à élever le conflit devant le tribunal de renvoi ?

Il faut distinguer.

II. — Les congrégations religieuses sont-elles soumises à l'autorisation pour plaider ? — Non.

Vu par le doyen président de la thèse :

A. COURAUD.